청어詩人選 88

기다림

박종민 시집

청어

기다림

박종민 지음

발행처 · 도서출판 **청어**
발행인 · 이영철
기 획 · 최윤영 | 김홍순
영 업 · 이동호
편 집 · 김영신 | 방세화
디자인 · 김바라 | 오주연
제작부장 · 공병한
인 쇄 · 두리터

등 록 · 1999년 5월 3일(제22-1541호)

1판 1쇄 인쇄 · 2011년 11월 5일
1판 1쇄 발행 · 2011년 11월 15일

주소 · 서울시 서초구 서초동 1588-1 신성빌딩 A동 412호
대표전화 · 586-0477
팩시밀리 · 586-0478

블로그 · http://blog.naver.com/ppi20
E-mail · ppi20@hanmail.net
ISBN · 978-89-94638-73-7 (03810)

기다림

| 시인의 말 |

기다림에서 시(詩)가 생성되고 움튼다. 기다림 속에 시가 자라나 꽃펴 열매 맺고 익어가며 향기를 풍겨낸다. 그 냄새에 젖고 향기에 빠져버리고 기다림이 있어 풋풋하고 진솔하며 싱그러운 시어(詩語)가 날개를 치며 비상한다.

윤회하는 계절의 수레바퀴 따라 새싹이 돋아나 꽃 피어 열매 맺고, 잎과 열매 모두 흙으로 돌아가고 마는 대자연의 생사소멸 과정도 순간순간이 모두 기다림의 연속이다.

내 살아온 생(生) 역시 기다림에 찬 나날들이었다. 살아갈 날들 또한 기다림 속의 삶이리라 여겨진다. 되돌아보면 그간 내 맘속엔 조급한 기다림, 황당한 기다림, 어설픈 기다림이 많았다. 한편 다소곳한 기다림도 있었다. 기다림 속엔 아픔이나 덤덤함도 있었다. 하지만 거기서 흥얼흥얼 운율이 빚어져 나왔다.

어떤 기다림이든 기다리는 마음은 아름답다. 고기를 가득 실은 만선(滿船)의 귀항, 오곡백과 풍성한 만추의 수확을 기다

리는 어부와 농부의 그런 기다림이 아니더라도, 기다리는 그 마음 자체는 아름다움이다. 오늘은 또 내일은 하며 더 좋은 날 더더욱 아름다운 날을 기다리는 몸·마음가짐 가짐은 분명 살아가는 자의 본분이며 소명이리라.

인간 모두가 생명 다하는 날까지 그렇게 기다림에 사는 것 아니겠는가. 그러면서 애환을 만나고 희로애락을 맛보며 만지는 것 아니겠는가. 그간 나는 그렇게 기다림의 멋과 맛, 아름다움과 서정의 미학을 느낀 것이다.

기다림 속에 읊조린 운율을 여기 담아본다. 이 글을 읽는 분들에게 색다른 서정과 아름다운 낭만이 함께하는 시간이길 원하며 언제나 복 누리시길 빈다.

碧空 박종민

c·o·n·t·e·n·t·s

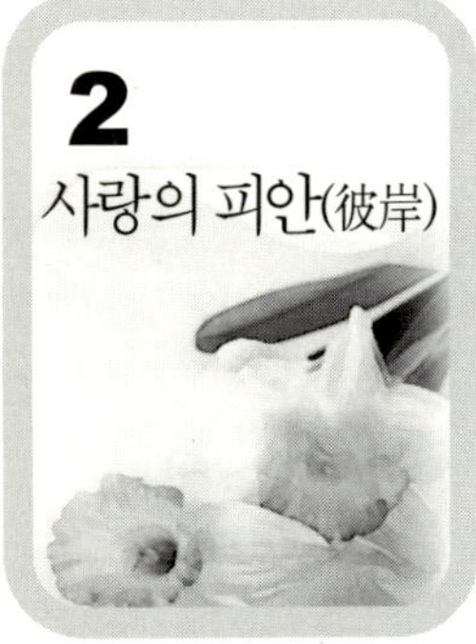

4 내음따라 흐르는 서정(抒情)

5 애환(哀歡)의 오솔길

• • • • • 기다림

1
기다림 속의 그림들

고단한 삶
이런저런 생각 근심 걱정에
잠 못 이루는 밤,
밝아오는 여명을
기다림은 애처롭다

기다림 1

아이티 지진 숨 막히는 생사기로에 선 목숨, 일본 지진해일 쓰나미 현장에 자취 없이 사라져간 가족 찾는 소녀, 칠레 광산 지하 7000m 갱도에 갇힌 광부 구조 애타는 가족, 망망대해 타이타닉 조난 난장판 속 뜨거운 애정, 강원 양양 산불 순식간에 번져나는 현장에 소방 헬기 나타나길 바라는 주민, 해난사고 구조 구명보트에 의존한 생, 애타는 그 작은 목숨, 부산 도심 고층 빌딩 화재 현장 애달픈 기원, 암담한 광경 지켜보는 사람들의 무사기원, 기다림은 눈물 한숨 통한 의지 용기 갈채 격려 사랑이다 기다림은 하늘에 맡긴 운명이요 차라리 주검이다

기다림 2

만삭의 불편을 딛고
비몽사몽간의 산통
꾹꾹 참아 견디며
새 생명 탄생을 기다림은
아름다운 모성의 순수였습니다
불안한 마음을 꺾고
산실의 초조와 공포
가라앉히며
새 생명의 출산을 기다림은
보배로운 모정의 서정이었습니다

기다림 3

사흘 전
군 입대한 아들
체취 배인
옷 보따리 소포

낼모레
만기 제대 자식
환한 미소
귀가하는 모습

기다림 4

기다림은 초조 불안이다 기다림은 불면의 밤이다 기다림은 때론 공포다 삼대독자 아들 결혼 후 5년차 되도록 임신 소식 감감 학수고대하는 부모 마음, 장거리 화물차 운전사 남편 귀가 시간에 매몰된 마음 약한 아낙의 심정, 좁디좁은 비행기 내 15시간 여 갇힌 샐러리맨, 장마철 낙뢰로 전기 끊긴 시골 외딴집의 스산함, 고단한 삶 이런저런 생각 근심 걱정에 잠 못 이루는 밤, 밝아오는 여명을 기다림은 애처롭다 기다림은 가련하다 기다림은 처량하다

기다림 5

이판사판 공사판 노름판 전전긍긍하다 행여나 하고 주머니 톡톡 털어 산 한 장의 복권 추첨일, 어느 노인 무료 급식소 13시 맨 끝에 선 몸 매우 불편한 노인, 데이트 약속 첫 만남 뮤지컬 날짜 고대하는 노총각, 펑크 난 가계부 밀린 전기 수도 요금 과태료 통지 받은 주부 월급날, 쥐꼬리만 한 연금 들어오는 날 셈해보는 기초생활보호대상자, 기다리다 지친 자 정신 몽롱하고 기다리다 허기진 자 누리끼리한 풀 죽은 얼굴이다 기다림은 애환이요 기다림은 인고, 기다림은 소나타 광상곡이다 기다림은 멀리 보이는 해안 사구다

기다림 6

가뭄 속
불볕폭염 아래
시들시들 시드는
농작물 보며
검게 탄 얼굴
야윈 손가락으로 감싸 안고
머리 숙여
허리 굽혀
행여 혹시
소낙비라도
마구 퍼부으라고
논둑이 무너지도록
장대비 퍼부으라고
애원하는 마음은
농부의 본성이겠지

기다림 7

섬
밀물썰물 물때
기다리는 아낙네
막차
다가오는 시간
도마리(道末) 앉은 모정
기차 간
귀향 역 앞에 둔
맘 설레는 귀성 승객
동기 모임
나타나지 않는
아련한 추억의 죽마고우
노을 진 저녁
품팔이 나간 남편
안절부절 학수고대하는 아낙
미용실 진풍경
자기 차례 기다리는
갈 길 바쁜 시골 뜨내기손님
고즈넉한 시골 역
띄엄띄엄 오는 열차
이제저제 시간 가늠하는 역무원

살아가는 자의 의지

기다림은
공허하여
실의와 실소를 남겼습니다
기다림은
허탈하여
절망과 실망을 남겼습니다
그러나 기다림은
지키고 유지해야 할
고귀한 흔적의 유추였습니다
기다림은
꿈틀거려
생명력을 가진 절규였습니다
기다림은
훈훈하여
내일의 보람과 희망이었습니다
그래서 기다림은
다시금 다져야 할
살아가는 자의 강한 의지였습니다

기다릴 줄 알았다면

창세기
아담과 이브가
참고 견디며
기다릴 줄 알았다면
현세의 고난
현재의 소란
현존한 인간 삶의 고통
난맥상(亂脈相)은 없었을 것 아니겠나
인생에
달콤새콤한
유혹의 말을
뿌리칠 줄 알았다면
고난의 삶도
고단한 생도
고달픈 인간 삶에 미련
후회는 하지 않을 것 아니겠나

보고픔

보고픔은 무엇일까
보고픔은 어디에서 오는 걸까
보고픔에 채이니
보고픔에 밀리니
시리다
아프다
허전하고 맹랑하다

보고픔은 허상일까
보고픔은 어드메서 생긴 걸까
보고픔에 갇히니
보고픔에 잠기니
아쉽다
슬프다
적적하고 쓸쓸하다

보고픔은 재워질까
보고픔은 무슨 사연 까닭일까
보고픔에 젖으니
보고픔에 적시니
외롭다
고프다
삭막하고 황망하다

장맛비

여름기간 통과의례로 겪는 장마, 가뭄처럼 길면 못 산댔다 대엿새 이어 질척거리는 장맛비에 짜증난다 때론 후드득거리고 때때로 흐느적대고 더러는 먹구름 속 하늘이 구멍이라도 난 듯 억수로 장대비 퍼부으며 삭신 저리도록 뇌성벽력이다 몸 맘이 축 늘어지며 눅눅하고 끈적끈적하다 끊임없이 구름이 산하를 타고 돌며 물을 퍼 나르고, 퍼 나르는 물에 구름이 끌려온다 농사일에 지친 농부님네는 이때가 쉴 참이다 초막에 둘러앉아 밀전병 녹두빈대떡 부쳐놓고 막걸리 타령, 부침질 기름 냄새만큼이나 구수하고 정겹다 장맛비 속 유한(有閑)이다

농부의 마음

천둥 번개 속
장대비 몰아치는 날
괜찮겠지
무사하겠지
살 수 있겠지
잘되겠지
바라고 소원하며
신의 가호를
조상님의 은덕을
빌고 비는
농부의 마음은
원초적 믿음이요
토속신앙이다

어머님 생각

삼월스무여드레 새벽
하현 조각달이
백야공원 나뭇가지 위에
걸렸다
어머님 눈썹 같은
조각달이

나뭇잎 사이에 매달린
조각달의 운명
밝아올 여명 앞에
애처롭다
허공 속에 사라져갈
하현 슬픈 달

손톱달 흐린 새벽녘
홀연히 저승 떠나신
나의 고운 어머님
생각난다
너무나 보고 싶다
아! 마침 오늘 기일(忌日)이구나

어머님이 그립다

정(情)

정(情)은
무색무취(無色無臭)
무형무체(無形無體)
빛깔이 없고 냄새가 없어도
형상이 없고 형체가 없어도
살아 숨 쉬는 것
살아 움직이는 것
그러나
누구나 같은 듯하지만
느끼는 차이가 다른 것

정(情)은
무영무골(無影無骨)
유미유향(有味有香)
그림자 없고 뼈대가 없어도
맛깔이 있고 향기가 있는 것
없으면 못 사는 것
있어야 잘 사는 것
그러나
누구나 가지고 있건만
간직한 질량이 다른 것

꿈 1

꿈을 가진 자만이
이룰 수 있다
꿈을 꾸는 자만이
취할 수 있다
꿈이 없는 자는
미래가 없다
꿈을 잊은 자는
비전이 없다
꿈이 곧 현실이다
꿈 없이 미래 없다

꿈을 가진 자만이
키울 수 있다
꿈을 이룰 자만이
꿈꿀 수 있다
꿈을 버린 자는
꿈을 지운 자는
장래가 없다
꿈이 곧 행복이다
꿈 없이 내일 없다

꿈 2

비몽사몽간의 꿈도
꿈은 꿈이다
깨어나 황망한 꿈도
꿈은 꿈이다
달콤 씁싸래한 꿈도
꿈은 꿈이다
신기 황홀한 꿈도
꿈은 꿈이다
꿈속에 잠겼을 뿐이다
꿈길에 들었을 뿐이다
개꿈이 개꿈이라
탓하지 말라
돼지꿈 좋다 해도
탐욕하지 말라
조상 꿈 길몽이라
기대하지 말라
청룡 꿈 꿨다 해서
고대하지 말라
꿈에 맡기지 말라
꿈에 적시지 말라
꿈은 꿈일 뿐이다

꿈 3

꿈은
변화무쌍한 상상의 날개
꿈은
욕구충족의 처절한 몽환
꿈은
허무맹랑한 욕망의 굴레
꿈은
반대급부의 서글픈 희망
꿈은
절치부심한 불쌍한 얼굴
꿈은
자기안주의 치졸한 몽상
꿈은
실현가능한 능력의 기대
꿈은
권토중래의 강렬한 의지

꿈 4

꿈이란
욕구 실현 위한
자신만의 이상(理想)
창공을 떠도는 뭉게구름도
잡을 듯 잡을 듯
빠져들게 하는 환상
그걸 잡으려다
더러는 좌절하고
더러는 헛물켜며 허탈해한다

꿈이란
상상 속에 갇힌
자기만의 감성(感性)
영봉에 어리는 오색 무지개도
만질 듯 만질 듯
허우적거리게 하는 몽환
그걸 좇으려다
누구는 포기하며
누구는 잡았다고 행복해한다

• • • • • 기다림

2
사랑의 피안(彼岸)

아직은
사랑이 있을 때
온정이 남아 있을 때
싱그럽게 고하자
뜨거운 안녕을

외로움

몸의 외로움
그것만이 외로움 아니다
살의 외로움
그것만이 외로움 아니다
몸통으로 스며드는 외로움
그것만이
살갗으로 파고드는 외로움
그것만이 외로움이 아니다

보여지는 외로움
그것만이 외로움 아니다
홀로 있대서 외로움
그것만이 외로움 아니다
맘속 외로움
그 외로움이 외로움이다
텅 빈 영적 외로움
그 외로움이 외로움이더라

뜨거운 안녕

내 몸에
온기가 있을 때
생기가 있을 때
아름답게 고하자
뜨거운 안녕을
영육에
혈기가 있을 때
열정이 있을 때
듬직하게 고하자
뜨거운 안녕을

아직은
사랑이 있을 때
온정이 남아 있을 때
싱그럽게 고하자
뜨거운 안녕을
풋풋한
마음이 있을 때
미움이 전혀 없을 때
멋스럽게 고하자
뜨거운 안녕을

그리워 1

그리워
애가 타게
그리워
그리워하다가
그만
그리움에 갇힌다
그 그리움에
옭힌다

보고파
멍청하게
보고파
보고파하다가
자칫
보고픔에 조인다
그 보고픔에
절인다

그리워 2

그리워 임이 그리워
그리워 얼굴 그리워
그리워 모습 그리워
그리워 정이 그리워

지그시
눈을 감는다
억지로
기억 지운다
망각의
성(城)을 쌓는다
회오(悔悟)의
날개 접는다

그리워 그가 그리워
그리워 체취 그리워
그리워 추억 그리워
그리워 마냥 그리워

진하니까

나뭇잎에 초록이 진하니까
향기가 진합니다
나뭇가지 실가지가 실하니까
열매도 실합니다
농도가 진하니까
색깔이 곱습니다
자양분이 풍부하니까
맛깔이 좋습니다

사랑도 우정도
믿음도 인정도
진해야 하는 이유랍니다

땅거미

땅거미
칠흑 어둠이 좋아
발길 닿는 대로 걸었다
정처 없이 걸었다
잘난 체
머리 휘젓는 자
보이지 않으니 좋았고
볼 수 없으니 좋았다

땅거미
곱게 깔려든 거리서
행복에 겨워 춤췄다
너풀너풀 춤췄다
모든 것
가리워지니
마음까지 어두워 좋았고
어둠에 채이니 좋았다

사랑이란 것은

사랑이란 것은
잔잔한 맑은 호수
풋풋한 푸른 들
드넓은 평화로운 평원
갈매기 노니는 수평선 바다

사랑이라는 것은
가슴 졸이는 마음
각오 다지다가도 금방
시들해 미소하고 다시
후회하며 바라보는 노을

사랑이란 것은
슬프기도 한 실안개
답답하기도 한 밤비
스르륵대는 소야곡
때론 울적한 고단한 심사

사랑이란 것은
잠 못 이루게 하는 술
불안을 몰고 오는 마귀
활활 타는 알라딘의 램프
사랑은 시금 달큼한 음료

그리움

멀리 저 멀리 두어
꺼내 볼 수 없는
아련한 형상
켜켜이 쌓인
가슴 아리아리한
그것

만져 매만져 봐도
손에 거치지 않는
공허한 너울
허공에 숨은
마음 잡을 길 없는
실상

그리움은 사랑인가
사랑이 그리움이던가!
잊으려 해도
잊히지 않고
파고드는
가슴속 깊은
멍울

그 사람 떠났지만

그 사람 떠났지만
사랑이 남았네
그 사람 떠나갔지만
향취가 남았네
사랑은 남았지만
그 사람이 없네
향취가 남아 있지만
그 사람이 없네
아파할 것도 없고
괴로워할 것 없는데
자꾸만 자꾸만
아파지고 그리워지네
다시 또 다시
보고파지고 가슴 아려지네

그 사람이 떠났지만
모습은 남았네
그 사람이 떠나갔지만
형상은 남았네
형상은 남았지만
그 사람이 없네
체취가 남아 있지만

그 사람이 없네
슬퍼할 것도 없고
안타까워할 것 없는데
문득문득 새록새록
돋아나고 사그라져 가네
괜스레 괜스레
슬퍼지고 안타까워지네

몽상

꿈속에서
생각 키우는 것만으로도
행복하고
그리워하는 것만으로도
사랑스런
화사한 그님

꿈꾸면서
잊히지 않는 것만으로도
풋풋하고
지우지 못한 것만으로도
다정스런
상큼한 그님

꿈 그리며
살며시 미소 짓는 것으로도
싱그럽고
잠 못 이루는 것으로도
아쉬워하는
내 사랑 그님

인연

소중한 게 인연
사람의
모든 관계맺음
시작
그 자체가 인연이다
악연도
필연으로 끌어안자
가슴 열고 미덕을 살려
필연을 만들자
고귀한 게 인연
인간의
매사 생활공간
만남
그 스스로 인연이다
미움도
순연(純然)으로 품어보자
지혜 모아 슬기를 펴
순연(純然)을 만들자

어머님의 임종

어머님의
꺼져가는 숨결
목숨 겨우 부지해주던
내연기관 엔진이 힘겹게 돌아가다
서서히 멎어가는 순간
동공은 풀려 의미를 잃고
입가에 뽀글뽀글 일던 거품도
스르르 사그라져간다
눈이 감기고 입술이 반쯤 잠긴다
아! 이게 임종이구나
말 못하는 이별의 순간
굳어가는 수족
얼굴색이 거무레하게 변하고
살갗이 섬뜩하게 차다
이젠 주검이다
싸늘한 주검을 맞는 찰나다
아! 슬픈 임종이구나
어머니!
내 육신의 모태 내 어머니
하얀 천이 가려지는 순간
어머님의 마지막 모습
통한의 슬픔

가슴에 치미는 임종이다
영영
이승과의 작별이고 마는
서글픈 임종이다

운명

비바람에
찢겨
빛 고운 자태
뽐내보지도 못하고
도르르 지는
애절한
꽃잎

농부의 기원(祈願)

하얗게 바닥난
개천에서
마음 모아 빌어본다

오려마,
오려무나!
호된 천둥 번개라도
좋다
다만
굵은
빗줄기 몰고 오렴

쩍 쩍 갈라진
논둑에서
애타도록 소원한다

숙명

날 때부터
분명 그렇게 돼야만 되도록
짜여진 삶이
숙명이란다면
바람 부는 대로
그냥 살아가면 되는 건데
과연 숙명이란 걸
믿어야 하는 건지,
노력할 것 없고
땀 흘릴 필요도 없이
그대로 있으면 되는 건지
애초부터
필히 그리 가야만 하도록
정해진 삶이
숙명이란다면
세월 가는 대로
휩쓸려 가면 되는 건데
실로 숙명이란 걸
믿어야 하는 건지,
부지런할 것 없고
애써 일할 것 없이
있기만 하면 되는 건지

세월의 자국

그 누구도 없앨 수는 없는
세월의 자국
소리 없이 지나는 세월의 자취

날이 가면 갈수록
무디어가는 감각을
멈춰 서게 할 수는 없는 걸까?
해가 가면 갈수록
시들어가는 열정을
되살리게 할 수는 없는 걸까?

세월 가면 갈수록
퇴색되는 지각을
반짝거리게 할 수는 없는 걸까?
나이 들면 들수록
조급해지는 마음을
바로 다잡을 수는 없는 걸까?

그 아무도 씻을 수는 없는
세월의 자취
흔적 없이 흘러가는 세월의 자국

참살이

힘들지 않은 자 어디 있으랴
고되지 않은 자 어디 있으랴
힘들어도
고달파도
살아가야 하는 건
하늘이 내게 준
부모가 내게 준
본분이며 뿌리
아프지 않은 자 어디 있으랴
어렵지 않은 자 어디 있으랴
뼈저리게 아파도
눈물겹게 어려워도
살아가야만 하는 건
현실이 내게 준
고난이 내게 준
숙명이며 교훈
부닥치는 대로 성실히
주어지는 대로 굳건히
서둘 것 없이 보챌 것 없이
남 눈치 보지 말고
네 체면 재지 말고

마음 비워
생각 비워
슬기롭게 살아가는 게
현명하게 살아가는 게
참살이

사람의 품성

사람 마음이
요사스럽다 하지만
진심은 있는 것
사람 심성이
변화무쌍타 하지만
평심은 있는 것
사람 심보가
변덕스럽다 하지만
양심은 있는 것

사람 눈에 들긴 어려워도
사람 눈 밖 나긴 쉬운 것을
사람 맘에 들긴 어려워도
사람 맘 밖 나긴 쉬운 것을

진심으로 진솔하게
평심으로 정직하게
삶을 살아가는 품성은
사람들의 존경 사랑 받으리라

중도실용

좋아하거든 편들지 마라
사랑하거든 두둔하지 마라
시기하는 자
송곳을 드러낸다
미워하거든 꼬집지 말라
보기 싫거든 돌려 욕하지 말라
소원(疏遠)하던 자
검은 속성 나타낸다
좋아하든 사랑하든
편애하지 마라
미워하든 경멸하든
표시 내지 마라
속이 꼬여도 배가 끓어도
머리 아파도 밸이 꼴려도
얼굴 붉히면 안 된다
중도실용이 대길이다

내가 살아가는 이유

누가 나에게
살아가는 이유가 뭐냐고
묻는다면
나는 그 어떤
군더더기 말도
너스레도
핑계도 대지 않고
신(神)이 내게 내려주신
거룩한 생명이,
위대한 생명이 내게 주어졌기
때문이라 말하리라

누가 나에게
살아가는 희망이 뭐냐고
묻는다면
나는 그 어떤
미사여구의 말도
꾸밈도
이유도 대지 않고
내겐
나에겐 부여받은
삶의 역정이,
생의 역할이 내게 존재하기
때문이라 대답하리다

3
향수(鄕愁)의 강가에서

검푸른 바다 물결 위로
빨간 태양이
진다
말간 노을이
진다

무창포의 겨울 노을

예쁘다
멋지다
포근하다
북동 남방 산록 모두
은백 세상
서녘엔
검푸른 바다 물결 위로
빨간 태양이
진다
말간 노을이
진다

가을밤

별빛이 맑다
달빛이 희다
은하가 밝다
공기가 좋다

낙엽이 진다
이슬이 차다
안개가 낀다
부엉새 운다

빛깔이 곱다
어둠이 검다
고요가 인다
회오에 찬다

별들이 존다
시름이 인다
고뇌에 찬다
적막함 젖다

갯가에 서보세요

가슴이 답답할 때 갯가에 서보세요
마음이 울적할 때 갯가에 서보세요
푸른 물결 거친 파도가 반깁니다
검은 개펄 절은 흙탕이 반깁니다

바다가 잔잔하면 잔잔한 하게
물결이 사나우면 사나운 채로
개펄이 황량하면 황량한 대로
해안이 스산하면 스산한 채로
나를 보듬어 안아 달래줍니다

눈물이 치솟을 때 바다에 가보세요
설움이 북받칠 때 바다에 가보세요
내 작은 가슴이 느껴집니다
내 못난 영혼이 흐느적여집니다

살랑대는 미풍에 일렁이는 파도가
넘실대는 물결에 갈매기의 노래가
헤적이는 쪽배에 풍겨나는 갯냄새가
내 아픈 육체를 씻어줍니다
내 슬픈 심기를 가라앉혀줍니다

갯가에 서서 나를 잠잽니다
갯가에 서서 나를 찾습니다
바다 가슴에 나를 기댑니다
망망대해 보며 자신을 갖습니다

밤 깊은 간이역

자정 무렵
오가는 사람 없는 황량한 간이역
가까이 막차 기적은 울려오는데
대합실엔
기차 기다리는 손님 하나 없고
머리털 허연 사내 홀로
웅크리고 앉아
꾸벅꾸벅 졸고 있다

인적 끊긴
가로등 빛 명멸하는 쓸쓸한 간이역
고즈넉한 마당으로 밀려드는 고요
지친 하루
식당 다방 홍익매점 셔터마저 닫힌
아픔 고독 설움 회한
한데 뒤엉킨
고된 삶이 흐느적인다

진도 앞바다
— 남망산에서

쪽빛 바다 위에
둥실 뜬
아홉 봉우리 섬들이
미역 양식장 모자이크 속을
한가롭게
헤엄을 친다,
파문을 일으키며

진달래 붉게 핀
산자락
물푸레 떡갈나무
소록소록 물오르는 소리
새록새록
노란 속잎이 핀다,
새 주둥아리 벌리듯이

동백 원시림 울창한
산비알
사이사이 길 섶
동백꽃 붉은 혼 떠돌고
지축 지축
피 울음 뿌려가며
설움을 토해낸다

용봉산의 야경

한적한 밤
기암괴석 바위 봉우리
아래
아늑한
용봉산 숲속의 집
솔바람 따라
스멀스멀 흔들리는
솔밭 가로등 불빛
고독에 울고
어둠 속 골짜기를
감싸고 흐르는 적막
공허에 운다

고요한 밤
멀리 장항선 야행 열차
기적
여운에
향수가 일렁이고
솔향기 따라
흐늘흐늘 스멀대는
숲 나뭇가지 내음
향취에 젖어

얽히고설킨 인생 삶
추억에 깊어가는 회상
미련에 존다

정암사 적멸보궁

— 태백산에서

우수 경칩 지난
첩첩산골 태백산 계곡
산사(山寺)는 아직도 엄동설한
봄은
아득한 꿈속 이야기
눈에 갇혀
얼음에 갇혀
산록 아래 골 깊숙이 박혀
새봄을 갈망한다,
칩거를 원망하고 있다

하얀 눈 이고 진
낙락장송 솔숲 아래
바람소리마저
숨죽인
고요한 정암사 적멸보궁
부처님 진신 사리 담긴
고고한 사리탑
준령 가장자리에 우뚝
우람하게 높이 서서
세속을 다독인다,
뭇 중생을 어루만진다

4월의 속삭임

움싹 돋는 4월

강원도 인제덕장에
켜켜이 찌들어 말라 틀어진
황태마냥
빼빼 마른 나무껍데기
속 깊이
꼭꼭 숨어
푸른 꿈 꾸어대던
새 잎들이
연록 주둥아리 내밀며 속삭인다

재잘재잘 지저귀고
꼼틀꼼틀 움직이며
나풀나풀 손짓하고
여릿여릿 발레하며
도란도란 얘기한다,
소곤소곤 속삭인다

어여쁘게 애틋하게
풋풋하게 싱그럽게 속삭인다

경포해안의 밤

억센 곰솔 밭 아래
하이얀 사장(沙場)
나태한 모래톱 위로
찰싹이며 밀려드는
고운 너울
잔물결 흰 거품 내뿜어
해안을 핥는다

눈 덮인 하얀 설원 딛고
영(嶺) 넘어선 편서풍
잔잔한 밤바다 해안 따라
소나무 숲 씻고 가는
역바람이
물결무늬 만지며
고요를 재운다

곤드레 밥상

술에 취해 곤드레더냐
만드레 앞에 곤드레더냐

강원 산골 깊숙한 함백산 준령
꼬불꼬불 굽이쳐 오른 1천 고지
심마니나 쉬어갈 쪼그만 마을에
듣도 보도 못한 곤드레 밥집이네

게딱지 같은 나지막한 집에
사람들이 득실득실 의아하다
궁금해 호기심에 문 열고 들어서니
퀴퀴한 된장 냄새 진동하네

특선메뉴는 곤드레 정식
청국장에 비벼 먹는 곤드레 나물밥

조선조에 세속 떠난 선비들이
첩첩산골에 숨어들어 살면서
먹을 게 없어 훑어다 먹던
무해 유식한 잎사귀가 곤드레라네

감자 수수 메밀 콩 보리 좁쌀에
버무려 된장에 비벼 먹던 식량자원이라네

지켜온 영광 가꿔온 영예

— 결성(結成)초교 100주년 기념 낭송시

석당산 정기 내린 아늑한 전당
일백 년 이어온 이 배움터에서
육천팔백일흔넷 소년 소녀들의 푸른 꿈이
새록새록 자라나 꽃을 피웠고 열매 맺었습니다
옛 결성 현 고을의 저력이 면면이 이어져
가슴마다 지혜를, 마음마다 슬기를 길러냈습니다
일백 년을 이어온 교육 전당의 고고한 이 역사여!

소년 소녀들은 이제 나라의 재목이 되었습니다
국가와 사회에 공헌하는 인물로 웅비했습니다
국민들께 이바지하는 인재로 장성하여
전국 방방곡곡 경향각지에 도약하였습니다
결성인의 푸른 꿈이 현실로 승화된 것입니다
일백 년을 지켜온 교육의 이 영광
1세기를 가꿔온 교훈의 이 영예여!

결성인들이시여! 보배로운 이 역사 발판 삼아
결성초교의 이름으로, 결성초교 교육의 얼로
굳건히 뭉치고 공고히 단결합시다
상호화합하여 쉼 없이 교류합시다
새 역사 향해 새 백년 향해
다시 뛥시다, 더욱 노력합시다
국가에 기여하고 국민의 사랑 받도록
결성인이 모두 다함께 매진하십시다

세모(歲暮)의 일몰

저무는 해(年) 속의 해(日) 저물녘이로다

바람 소리 흔적마저 숨죽인
숲과 산하엔
적막과 삭막이 흐른다

똑딱이는 시계추 창 너머로
비실비실 비실
꼬리 감추는 빛 자락

저무는 하루가 저물 해(年)를 이끈다

사람 얼굴 발길 또한 숨어든
마을 거리엔
고요가 어둠을 부른다

콜록대는 노인의 기침 뒤로
스물 스물 스물
노을 감싸는 기인 몰(沒)

세모(歲暮) 속 일몰이 슬픔과 아쉬움 부른다

생각과 느낌에 따라서

강물이 흘러갑니다
강을 가득 메워 도도히 흘러갑니다
여럿이 강변에 앉아
무심히 흘러가는 강물을 바라봅니다

누구는 길게 한숨을 쉽니다
무상하다고
곁에서는 탄식을 하고 있습니다
덧이 없다고
다른 누군가는 뿌듯해합니다
가득 넘쳐흐른다고
또 다른 누구는 슬퍼합니다
흘러서 가버린다고
옆에 선 누군가는 기뻐합니다
끊임없이 이어 온다고

강물이 흘러감을 바라다보는
생각과 느낌에 따라 다릅니다
누구는 부정하며 슬퍼하고
누구는 긍정하며 흐뭇해합니다

태풍

여름철 불청객, 귀찮고 성가시고 불편한 껄끄러운 존재다 과학적 기상학적 이론으로 해양 간 또는 대륙 간 온도 및 기압골 차이와 대류에 따른 기류의 영향으로 생성, 소멸되는 바람이다 어쩜 사람들이 저질러놓는 환경 오염 훼손 및 무분별한 지구 파괴 행위에 반격을 가하는 지구의 자정행동이다 사람이 만들어낸 오염 결과에 보복하는 불청객이다 큰비를 동반해오면서 사람들을 겁주고 불안에 떨게 하고 막대한 손해를 가한다 불편한 진실을 우리 인간들이 알고 자제하고 자숙해야 한다 지구가 몸살 앓지 않도록, 열 받아 화내지 않게 지구를 사랑해야 한다

가로등

칠흑 어둠 속
밤 지새워가며
남 위해
빛을 발산하는
봉사를 넘어선 희생이
그대의
멋이요 타고난 아름다움이다
열대야 더위
몸 부대껴가면서
타인 위해
자신 바쳐가는
기원을 넘어선 사랑이
그대의
정이요 진정한 마음가짐이다

흥부와 놀부

흥부는 으뜸가는 다산가(多産家), 자식 많이 낳는 것 빼곤 무능력자 정력이 넘쳐 그런지 할 일이 없어 그런지 자식 낳는 것에만 몰두해서 남녀구분 없이 생기는 대로 생산하는 다산 종(種)이다 호색기질이 있다면 바람이라도 피웠을 터인데 그도 아닌 집구석에만 틀어박혀 마누라 치맛자락만 잡아당기며 자식 생산에 몰입한 게으름뱅이다 온 식구가 굶주리는 게 하도 불쌍하고 딱해서 제비가 황금 박씨를 물어다 줬다 요즘 같으면 자식농사 왕으로 지자체장 표창감이다 그러고 보면 정력이 능력이다 놀부는 재능 있는 사람, 시쳇말로 기획투자전문전략가다 구두쇠에다 형제애 가족애를 모르는 냉혈인간이지만 지금 시대라면 정신개혁교육기관 강사 혹은 교수로 전혀 손색없고 오히려 정신 썩어빠진 뇌물 정치인이나 불량 탐관오리보단 훨씬 존경 사랑 받을 인물이다 놀부야말로 보기 드문 재경부장관감이다 놀부 같은 단체장이 아쉽다

편서풍

농부가 가을걷이한 곡식 까불러내는 고운 바람 고마운 바람이라면 좋겠다 코발트 하늘빛 빗어내는 시원 깔끔한 그런 하늬바람이었으면 좋겠다 장맛비 몰고 오듯 거무튀튀한 하늘 짓이기며 텁텁하고 칙칙하게 불어 에는 지겨운 편서풍이다 불청객 황사 몰고 온다 고비사막 대륙에 켜켜이 쌓인 오물 찌꺼기를 껍데기 홀랑 벗겨 맑은 서해 바다 금수강산 옥토에 뿌려댄다 후쿠시마 원전 방사능 사태에 화들짝 놀란 가슴 불행 중 다행일까? 꺼림칙하고 불결하다 밖에 나돌기 더럽고 무섭고 겁난다 눈이 뻑뻑하고 코가 맹맹하다 불안한 마음 불편한 심기를 뒤집어 휘젓는다 방콕(방에 콕 박혀)이 명약이다

봄나물

초록이 푸릇푸릇 들고일어나 데모를 한다 봄나물 시절 되어 겨우내 칩거하던 마음들이 들뜬다 옛날이나 시방이나 봄나물은 별미 언 땅에 풀뿌리 돋아나길 학수고대 맛객이 맛 길 찾아 산과 들 헤집는다 달래 냉이 쑥 돌나물 고사리 곰치 원추리 싸리 순 둥글 맛 성분함량도 가지가지 수없이 많다 예전엔 춘궁기 허기진 배 채우더니 시방은 배 두들겨가며 먹는다 과연 무공해 건강증진 별미 먹거리로다

조춘(早春)

나목(裸木)들이
기지개를 켠다
죽음의 동토(凍土)에서
환생(還生)한 환희
두려움 잊고
샛노란 꿈을 꾼다
생명들이
꼬물꼬물댄다
고난의 칩거(蟄居)에서
벗어난 쾌거
아픔을 벗고
소생의 길을 연다

얄궂은 봄비

얄궂은 봄비
비가 내린다,
주룩 주루룩 봄비가 내린다
비에 시달리다
꽃잎이 진다,
봄비에 젖어 파르르 꽃잎이 진다
요절(夭折)이다
참담한 고별(告別)이다
어쩜 꽃다운 승천(昇天)이다
운명인가, 숙명이련가
열흘 못 버틴 자태
보름 못 지킨 숨결
황량한 동토(凍土)에서
힘겹게 건져온 영혼이련만
메마른 나목(裸木)에서
죽도록 일궈온 목숨이련만
허무하게 용모(容貌)가 진다
매정하게 혼(魂)이 떠나간다
얄궂은 봄비에 휘둘려
화신(花神)이 슬피 운다,
처절하게 통곡한다

노랑 민들레

지독하게도 강한 놈
겨우 서릿발 풀렸는데
어느새 노랑꽃 활짝 펴놓고
호호백발풍선 띄우려 한다,
멀리 더 넓게 날리려 한다
제아무리 생식본능이라지만
정말 괘씸한 놈이로군
흑심 품고 우리 영토 침범한 놈이다
자자손손 씨 퍼뜨리려
우리 땅에 들어온 밀입국자다
망망대해를 어찌 건넜을까?
밀항선 탔을까, 코끼리 뱃속에 잠입했을까?
억센 노랑부리 기세에
토종 민들레가 떤다,
넉살 좋은 이방인 등쌀에
흰 민들레가 봇짐을 싼다
생태계 교란이다, 생태질서 파괴다
금수강산 옥토가 몸살을 한다,
고약한 노랑 민들레다

난향(蘭香)

야들야들
날씬한 몸매
누굴 위해 꽃 피워
냄새 풍겨내나
햇살도 들지 않는 공간에서
벌 나비 없는 공방에서
관심 끌려 하나
유혹하려 하나
모락모락
황홀한 향취
누구 넋 빼려 하나
거들떠보지 않는 책상에서
찾는 이 없는 방구석에서
환심 사려 하나
마음 흔들려 하나
결국에 포기할 것을
마침내 좌절할 것을
꽃도
향기도
시들고 지고 말 것을
정열도
추파도
찌들고 멎고 말 것을

오이사냥

장맛비
지짐벅거리는
틈새
오이 넝쿨이
완전히 땅을 가렸다,
은폐 엄폐다

낮은 포복 높은 포복
눈에
쌍심지 켜고
오이사냥 돌진이다
어디로 도망갔을까
넝쿨뿐이다

헤쳐보고 뒤져봐도
한 개가 없다
장맛비 허풍에
잎 넝쿨만 무성하다
모두 수꽃이다,
홀아비뿐이다

4
내음 따라 흐르는 서정(抒情)

임 그리는 마음
가슴에 아리니
아픔은 섧게도
슬픈 이별에 애타고

입

살아가는 일상에
맞닥뜨리는 관문
입구(入口) 출구(出口)엔
입이 있다
그 입을
잘못 들어가면 화를 자초하고
잘못 나가면 헤매기 일쑤다
사람의 입은
잘못 벌리면 해충이 들어가고
잘못 놀리면 재앙을 불러오고
잘못 먹으면 질병이 생겨나고
잘못 닫으면 울화가 치솟는다
생(生)사(死)고(苦)락(樂)
병(病)약(藥)애(哀)환(歡)
온갖 근원이다, 고락의 시발점이다
사람의 입은
관리 잘하면 만사가 형통하고
관리 못하면 반목이 일어나고
관리 잘해야 인품이 고매하고
관리 못해서 인격이 추락한다
시(是)비(非)언(言)행(行)
공(功)과(過)품(品)격(格)

정황 생산구다, 문제의 돌발점이다
입을
잘못 챙긴다면 일을 그르치고
잘못 사용하면 돌이킬 수가 없다
분쟁 사고의 시원점이다

땀

땀을
뻘뻘 흘려본 자만이
확연한
땀의 묘미를 안다
땀을
줄줄 흘려본 자만이
끈끈한
땀의 가치를 안다
찝찔한 땀
진귀한 땀
땀에
흠뻑 젖어본 자만이
눅눅한
땀의 냄새를 안다
땀에
홀딱 젖어본 자만이
진정한
땀의 결과를 안다
시큼한 땀
소중한 땀

눈물

패배
찝찔한 액정(液晶)
감격
뜨거운 감회(感懷)
미련
서글픈 여적(餘滴)
설움
치솟는 고소(苦笑)
치욕
애끓는 심사(尋思)
사랑
달콤한 환희(歡喜)

어떤 이의 일주일

월요일은
월척 낚는 꿈에 허우적댔고
화요일엔
화투놀이 판에 빠져 헤맸지
수요일을 기다렸단 듯
수시, 수시 술에 취해 퍼졌고
목요일은 막막해서
목적 없이 방에 틀어박혔지
금요일 맞아
금식하며 쓰린 속을 달랬고
토요일
토하도록 다시 술을 마셔댔네
그리고 일요일엔
일찌감치 체념하며 웃었네,
실성한 사람처럼 피식피식 웃었다네
일주일의 무상이여!
허망(虛妄)의 덫에 걸린 삶이여!
미명(未明)의 덫이로구나

오늘

오늘
전에 어제 있고
오늘
후에 내일 있어
오늘이 더더욱 고귀한 것
딛고 지나온 나날들은
여린 영육 가꿔 길러
오늘을 탄생시킨
위대한 오늘의 역사
비록 쪼글쪼글 구겨졌어도
보배로운 생(生)의 역사
시방 내가 서 있는
오늘은
내 삶을 충실히 살아야만 하는
고귀한 현실
고단하고 허기져도
내 영혼 갈무리해야만 하는
내게 부닥친 진정한 현실
오늘 뒤에 오는 내일은
살아온 내 인생길
조용히 마무리해야만 하는
보랏빛 희망
빛바래가고 구질구질해도
오늘 있어
주어진 소중한 나의 희망

통통통 세세세

사람 사는 세상이
사람 사는 사회가
아무리 각박하다 해도
힘껏 노력하며
스스로 소원하면 이뤄지는 것
운수대통
만사형통
의사소통
우리 모두 통 통 통

생활하는 일상이
살아가는 환경이
제아무리 고단하다 해도
부단히 추구하며
서로 상생하면 성취되는 것
남에 베푸세
그걸 즐기세
그래서 함께 행복하세
우리 모두 세 세 세

조약돌

섬마을 해안
파도 물살 머금고 간
조약돌

반질반질
번들번들
무수한 하얀 입맞춤

사랑 인정
인심 아픔
수없이 핥고 간 손자국

이별 고통
고별 슬픔
딛고 간 한없는 외로움

섬마을 해안
파문 끌어안고 큰
조약돌

국향(菊香)

봄풀 푸른 넋
폭염 여름 긴긴 나날
지지고 볶고
뜸 들여
오상고절(傲霜孤節)에
향(香)이 되었네,
혼(魂)이 피었네

속잎 노란 싹
천둥 번개 시린 세례
아픔도 잊고
고결히
낙목한천(落木寒天)에
꽃이 되었네,
향(香)이 되었네

복수초

동토(凍土) 틈새
힘겹게 벌려
어느새
복수초 노오란 꽃
수줍게 꼬물꼬물
기지개 켜며
새봄
햇살 더듬는다

서릿발 시린
자락 헤치고
머리 든
노랑 벌거숭이 꽃
느리게 꾸물꾸물
심호흡하며
새봄
햇살을 마신다

부초(浮草)

물 위에 떠도는
부초(浮草)
그것도 삶이란다
좋든 싫든 떠돌이 생명
사주팔자 기구하게
애시당초 그리 태어났다
바람에 밀리고
물결에 밀려도
운명이려니
어느 한 곳에
정착치 못하고 헤맨다

물밖에 못 보는
애시당초 그것이 숙명이란다
죽든 살든 기구한 운명
방랑 유랑길 처량하게
떠돌이로 그리 주어졌다
파랑에 찢기고
상흔에 아파도
삶이 그러려니
어찌 못하는
서러운 뜨내기 신세다

들국화 1

낙목한천(落木寒天)
코발트 하늘이고
다소곳이 피어난
샛노란 송이송이 꽃
가상하다
풍기는 향기
지친 이의 고뇌를 씻고
시골소녀만 같은
그대 촌스런 얼굴에
정 느낀다

매력에 취해
춤을 추는 벌 나비
화사하지도 않은
그대 티 없는 모습에
몽롱하다
거친 풍상
세월의 모진 자취
고초 겪어낸
그대 장한 웃음에
박수 친다

들국화 2

후미진 길섶
산모롱이
벼랑에 홀로
노란 꽃 피었네
보아주는 이 없어도
찾아주는 이 없어도
제 생명 다해
다소곳이 피어났네

인생 삶도
들국화 같다면
생명 살아감이
저 꽃과 같다면
알아주는 이 없어도
위해주는 이 없어도
제 소명 다해
숙연히 행해야 되리니

비탈진 언덕
가파른 땅
서러운 변방에서도
노란 혼 밝게도 웃네,

장마 비바람 견뎌온
가뭄 불볕 이겨낸
기개 내세워
코발트 하늘에 띄우네

낙엽의 절규

하늬바람 불어 엔다,
저승사자 덮쳐온다
한잎 두잎 잎이 진다,
스륵스륵 떨어져 내린다
남은 잎새가 떤다,
창백한 몰골로 절규한다
저항해도 소용없다,
안달해도 부질없다
그저 추악하기만 한
슬픈 몸부림일 뿐
울부짖고 발버둥 친들
하릴없는 이별이다

가렴, 이젠 쉬이 가렴!
어차피 갈 길 모두 잊고 가렴
떨어져갈 운명 앞에
사라져갈 팔자 앞에
떠남은 정해진 숙명 아니더냐?
미련 갖지 마라,
후회도 하지 마라
어디론지 굴러가는 길
영혼 또한 이미 떠난 것을
회오 절규 다 접어 안고
안식 찾는 고별이다

낙엽 지는 밤

하늬바람 으스스
골목길에 배이니
어둠은 쉬이도
검은 구름에 갇히고
밤이 싫어
야반도주
낙엽이 우수수
하염없이 지네

임 그리는 마음
가슴에 아리니
아픔은 섧게도
슬픈 이별에 애타고
밤을 통한
작별 인사
낙엽이 스르륵
속절없이 지네

일가친척

핵가족 시대라나 삼촌 고모 이모란 말이 없어져버린 세대 일가친척 많지 않아 외로울까? 홀가분할까? 사람 사는 냄새 없겠다 와글와글 정겨운 만남이 없겠다 지지리도 못 먹고 못 입고 살던 때 째지게 가난하던 시절에 가족계획운동 슬로건은 아들딸 구별 말고 하나씩, 둘만 낳아도 삼천리는 초만원, 자식 못 낳게 하는 산아제한 구호였다 일가친척의 싹을 사그리 송두리째 잘라버린 원흉이다 어린아이들은 삼촌 고모 이모가 뭔지 모른다 알려주려 해도 체계적인 구도가 없다 이 아이들이 홀로 씽씽 혹은 둘이 헉헉대며 늙은 세대들을 맡아야 한다 사명이요 숙명이다 행복일까?

행복이란

행복이란
무게와 형체가 없으나
빛깔과 냄새가 다채로운
고운 무지개다
행복이란
마음을 비워야 보이고
욕심을 버려야 나타나는
예쁜 주머니다
행복이란
자신이 만들어 느끼며
스스로 향기를 풍겨내는
푸른 울림이다
행복이란
가슴속에 얼이 어리고
고이면 남에게 나누는
솟는 샘물이다

뭐 별수 있나

뭐
별수 있나
가는 대로 그렇게
살아가는 게 인생이지

비가 오면 오는 대로
눈이 오면 오는 대로
바람 불면 부는 대로
물결 일면 이는 대로

강물 흘러가듯
구름 지나가듯
별빛 끄물대듯
달빛 치렁대듯

그렇게 살아가는 게
인생 인간 삶이지
별수 있나
뭐

님의 침묵이

— 한용운 선사의 「님의 침묵」에 부쳐

짓밟힌 통한을
울분으로
조용히 읊조린 님의 침묵이
지금
별이 되었습니다,
달이 되었습니다
만인의 가슴속에 아로새긴
푸른 꿈이 되었습니다

억눌린 설움을
치욕으로
애타게 외쳐댄 님의 침묵이
시방
바람이 되었습니다,
구름이 되었습니다
민족을 지켜가는 백성들에
강한 기(氣)가 되었습니다

봉사한다는 것은

봉사한다는 것은
사랑의 실천이며 멋입니다
봉사한다는 것은
축복의 나눔이며 정입니다

봉사한다고 하는 것은
남 아닌 오직 나의 희열입니다
봉사한다고 하는 것은
나 위한 오직 나의 미덕입니다

남을 섬기되 봉사로 해야 되고
남을 도움에 봉사적일 때 빛납니다
남에게 줄 때 무조건이어야 하고
남에게 베풀 때 기쁨이라야 복됩니다
남을 위하되 박애(博愛)로 해야 하고
남과 나눔에 즐거움이라야 덕입니다

봉사한다는 것은
행복의 창조이며 희망입니다
봉사한다는 것은
미래의 안위이며 평온입니다

5
애환(哀歡)의 오솔길

마음 가는 대로
좇아가는 게 종심이건만
마음 따로 몸 따로
술래잡기를 한다,
과욕에 빠져 어깃장을 놓는다

멋진 것

내기할 때
져주는 것
뒤처질 때
양보해주는 것
앞서 갈 때
비켜서주는 것
미적거릴 때
배려하는 것
찌푸릴 때
웃음 지어주는 것
외로워할 때
이야기해주는 것
허전해할 때
사랑해주는 것
이런 게 미덕이고 멋이다,
멋진 것이다

흔들리는 것

갈대가 흔들린다,
나뭇가지가 흔들린다,
달빛이 흔들린다,
물결이 흔들린다

마음이 흔들린다,
생각이 흔들린다,
자세가 흔들린다,
행동거지가 흔들린다

그러나 방황은 말자
흔들리는 것은 아름답다
생명이 있고 자아(自我)가 있으니까
흔들린다

흔들리는 것은 멋지다
살아 있고 숨결이 있으니까
흔들린다
흔들리는 것은 부드럽다
온화하고 유연하니까
흔들린다,
흔들 흔들거린다

고운 손 미운 손

당신의 손
내가 보기에 참 곱네요
그 손이
고운 것처럼
마음도 고운지는 모르겠네요
혹시라도
고운 그 손으로
착하게 살아가는 사람을
쥐어뜯고 할퀸 일은 없는지요?
그렇다면
그 손은 미운 손이겠지요
마음이 무거워지고
삶이 아파지는
그런 일은 하지 마세요

거리에서 본
한 여인은 손이 미웠지요
그러나
볼품없는 손을
아름다운 마음이 감싸고 있었지요
그녀는
못생긴 미운 손으로

아무도 거들떠보지 않는 이를
부드럽게 보듬어주고 있었지요
미운 손이
더없이 예쁘고 멋지고
기쁨과 편안함을 안겨주니
겉 고운 손보다도 더
아름답고 행복한 손이었지요

내 몸 관리하듯

내 몸 관리하듯
사랑을 관리하자,
참사랑을
내 얼굴 관리하듯
사람을 관리하자,
딴 사람을
내 몸매 관리하듯
인정을 관리하자,
타인 정을
내 인격 관리하듯
마음을 헤아리자,
그 처지를

보배로이 이물 없게
사랑스레 가치 있게
풋풋하게 평안하게
화통하게 맛깔 있게
진솔하게 화끈하게
너그럽게 확실하게
내 몸 관리하듯 하자

pen, 그대와 나

무척도 오랜만이군요
복잡한 사회 들뜬 일들 속에
나 그대 대한 지 오래됐네요
잊은 것은 결코 아닙니다
버린 것은 절대 아닙니다
잊을 수가 없는 것이기에
버릴 수가 없는 것이기에
나 그대 다시 잡아봅니다
사랑이 없음이 아니지요
믿음이 없음도 아니지요
우정이 없음은 더더욱 아니어요
아픈 일상 속에서도 그대를
내 맘속 깊이 잠재우며
아쉬워하고 그리워하고 안타까워하며
그대 지워버리지나 않을까 조바심치며
일상의 멍울을 씻어가고 있답니다
나 그대가 있기에 버틸 수 있고
나 그대를 향한 정이 변함없기에
다시 찾아보고
다시 잡아보네요

옷1

깔끔한 신사복에
새하얀 드레셔츠 넥타이정장
분명 잘 어울리는
신사 옷이요
고급 멋쟁이 옷이다
허나,
속이 검고
양심 그른
불량 몸뚱이 감추려는
허위과장위장도구일지도 모른다,
불법비리탈법사기횡령 가리기 위한
드레셔츠인지도 모른다

옷 2

옷이 감투고 감투가 옷이다 감투는 고급기술로 깁은 의상이다 의상은 마땅히 입는 사람의 위상과 어울려야만 하는 옷이어야 한다 옷은 날개란다 날개는 오르려는 본능이 있다 자칫 날려는 아집으로 높이 더 높이 날갯짓만 추구한다면 날개는 꺾이며 추락한다 옷의 추락이다 깃털이 뽑히고 일그러지며 퇴색되어 떨어진다 추락은 슬프고 파멸이다 옷의 파멸이다 파멸은 마침내 주검에 이르고 소멸한다 옷의 주검이다 좋은 옷 화려한 옷도, 훨훨 날던 날개도 주검에는 무용지물이다 잘못된 감투의 허무함이다 옷의 순수함과 본연의 영혼마저 잃는다

옷 3

비단옷 입고 밤길 걷지 말라 했지만
금의야행(錦衣夜行)한들 어떨까
남이 본들 어떠하고
뭐라 한들 어떠하리
내 신변 떳떳하고
내 신상 편안하면 되는 거지
이물 없으면 되는 거지
체면은 무슨
눈치는 무슨
이 체면 저 눈치 의식 말고
행장 갖추면 그만이지
배나무 아래 옷갓 고치지 말라 했지만
오비이락(烏飛梨落)한들 어떠할까
어리석단들 어떠하며
의구심 품는들 어떠하리
내 양심 확실하고
내 행실 반듯하면 되는 거지
가치 있으면 되는 거지
체통은 무슨
체신은 무슨
이 체통 저 눈살 볼 것 없이
의장 갖추면 그만이지

옷 4

아랍권 여성들이 흔히 둘러쓴
부르카와 히잡
그 본질은
몸을 가리기 위한
옷이 아니던가
늘씬한 몸매
고운 피부
예쁜 얼굴
억지로 가리게 하는 옷이다
아무리
종교 사회적 배경이라지만
너무 예뻐서
너무 고와서
너무나 늘씬해서
가리게 하는 옷 자체는
몸 보호 역할보단
신(神)이 주신 미(美)를
덮는
떫은 옷일 뿐이다
사내들의 욕심인가
이기심인가
설은 옷일 뿐이다

옷 5

북극에서
에스키모들이 두른
툰드라에서
이누이트들이 입은
아무르에서
원주민이 몸에 걸친
들짐승 가죽 옷은
치장이 필요 없는
디자인이 불필요한
패션이다
그야말로
살아가기 위한
얼어 죽지 않기 위한
절체절명의 드레스다
자기 생명 보호막이다
생명 연명 수단이다

옷 6

초미니스커트
그 본질
이미지가 뭔지 모르지만
애시당초
원시적 가림 장치 아니던가,
짧을수록
멋 낭만 아름다움이 되고
시와 음악 리듬 율동이 된다면
차라리…
한 뼘도 채 되지 않는
저 초미니스커트는
이미
가림 장치로의 기능은 상실한 것을
재료가 모자라서
원료가 부족해서
원초적 가림인가,
원시적 가림인가

죽음

죽어감의 맞음
주검의 직전 단계가
죽음이 아니던가
느림보 거북이는 그 걸음
그 느린 행동이
느리고 느리고 또 느려서
오백 년을 살다 가는지 모르지만
우리네 인생의
죽음은
게으르고 게으른 자의 행동
그 틈새로
병(病)이 찾아온다 하네
병마가 달려든다 하네
마침내 죽음이 찾아든다네

게으름 피우지 마세
부지런하세
걷고 뛰고 달리세
비록 기고 뭉쳐 가더라도
부지런히 움직이세
부지런히 움직인다면
병(病)이 올 리 없다네

병마가 찾아들 길이 없다네
죽어감의 맞음
죽음을 멋지게 맞이하세
행복하고 안락한 죽음 되게 하세

어느 초등학교 선생님

초등학교 선생님
둘이
시시때때
혹은
수시로
궐련을 물었습니다
학생들이 보이지 않는 곳에서
마음을 달래려고
생각할 시간을 가지려고
담배 연기를 뿜어냈습니다
초등학교 선생님
둘은
그때그때
혹은
답답할 때
속을 달랬습니다
학생들이 말썽을 부려 지쳐서
방법을 찾으려고
해법을 모색해보려고
애꿎은 담배만 빨았습니다

스승 1

때론 고달프고
때때로 피곤하고
시시때때 속상하고
수시로 울화 치밀어도
참고 견디며
화평하게
화통하게
오직
장래 재목을 위해
미래 인재 육성만을 위해
가슴 쓰다듬고
마음 달래가며
가르침을 소명으로 여기는
지도함을 사명으로 여기는
이런 이
그런 선생님이 스승이다

스승 2

저들은
애들 가르치는 직업이
천직인가 보다
애들 땜에 받는
스트레스에
속 쓰림도
안타까움마저도
모든 걸 체념해버리려는
애들 장래만을 위하는
가짐 가짐이
하늘이 내린 천성인가 보다
저들은
애들 지도하는 마음이
천성인가 보다
제자 땜에 받는
신경과민에
열 받음도
애타는 심사마저도
감춰 비켜가려는 자세
곧은 자세가
하늘이 주신 천직인가 보다

스승 3

선생보다 더 멋진
순수하며 아름다운 말
품격 있는 호칭,
과연
스승이로다
무턱대고 다 선생
그냥 쉽게 불러대는 말
흔히 쓰는 호칭,
그건
선생이로다

스승은 자신을 잊은
스승은 자기를 버린
오직 제자를 위해
오직 교육을 위해
정열을 바친 선각자다
스승은 선생과 다른
스승은 아무나 부를
두루춘풍이 아닌
너도나도가 아닌
교육에 신명을 바치는
제자 육성에 다 거는
참교육자다

좋은 생각

마음이 울적할 때나
기분이 꿀꿀할 때나
그저
좋은 생각을 하자
마음이 괴로울 때나
기분이 나빠질 때나
그저
좋은 생각만 하자
좋은 생각은 온기다
좋은 생각은 활력이다
정신이 산만할 때나
생각이 혼란할 때나
그저
좋은 생각을 하자
정신이 헷갈릴 때나
생각이 복잡할 때나
그저
좋은 생각만 하자
좋은 생각이 힘이다
좋은 생각이 보약이다

좋은 기억

삶이
고단하거든
생기 도는
좋은 기억만 생각하자
생이
허전하거든
맛깔스러운
좋은 기억만 회상하자
잊히지 않도록
바래지 않도록
훼손되지 않도록
곱게 가꾸자
좋은 기억은
생각을 바꾼다
좋은 기억이
생활을 바꾼다
부디부디
좋은 기억만 유추하자

자족을 아는 삶

저승 갈 때 가지고 갈 건가
지저분한 사람들
딱하기도 하지
100억 가진 자가
국민건강보험료 몇 만 원
1000억 가진 자가
세금 몇 백만 원 포탈했다니
한 줌 뼈 되고
한 줌 흙 되고 마는
왜소한 목숨 아니던가,
만족을 모르는 자여
자족을 모르는 자여!
인생은 바람이더라,
인간은 티끌이더라
욕망이 화근이더라,
욕심이 재앙이더라
자족을 아는 삶,
자족할 줄 아는 마음이여

종심(從心)으로 가는 길섶에서

살아갈 날들이
살아온 날들보다
엄청 쪼끔 남은
종심(從心)으로 가는 길섶에서
서성거리며 헤맨다

어기적거리면 되는지
미적미적하면 지체라도 하는지
뉘엿뉘엿 비쳐드는
석양 노을 외면하면서
서성거리고 멈칫멈칫한다

살아갈 날이
살아온 날보다
길이가 짧고 무게 더 무거워도
안달한다 통할까,
발버둥 친들 이뤄질까

마음 가는 대로
쫓아가는 게 종심이건만
마음 따로 몸 따로
술래잡기를 한다,
과욕에 빠져 어깃장을 놓는다

칠흑 어둠을 벗기자

칠흑 어둠을 벗기자
말랑말랑한 껍데기를
한 꺼풀 한 꺼풀 벗겨
환한 세상 되게 하자
울퉁불퉁하고
알록달록한 그대로
그늘지면 진 대로
검으면 검은 대로
보여지는 그대로
자연스레 보이게 하자

캄캄한 밤
스멀거리는 땅거미를
한 가닥 한 가닥 거둬
밝은 세상 되게 하자
구질구질하면 어떤가
초라하면 어떤가
구질구질하면 한 대로
초라하면 한 대로
꾸밈없이 보이게 하자

사람 사는
세상 이치가 그런 것을
숨긴다고
감춘다고
멈춘다고
회피한다고
달라질 게 없지 않나
칠흑 어둠을 벗기자
훌훌 털고 훌렁훌렁 벗겨버리자

꿈을 가진 자만이

꿈을 가진 자만이 이룹니다,
꿈을 품었기에 성취할 수 있습니다
꿈을 가졌기에 긍지를 가집니다,
꿈에 긍지를 더하니 이룰 수 있습니다

꿈을 가진 자만이 현실에 응합니다,
꿈이 없다면 아무것도 응할 수 없습니다
꿈은, 인생 삶의 지기(志氣) 슬기 용기입니다,
꿈을 가진 자부 긍지 비전이 자신입니다

꿈이 있고 목표를 가진 우리입니다,
꿈을 가진 우리는 내일과 미래를 압니다
꿈이 모든 이에게 존재합니다만,
꿈을 현실로 이끌 사람은 다릅니다

꿈을 가진 자만이 만듭니다,
꿈이 멋지기에 튼튼히 만들어갑니다
꿈을 화려하게 키워봅시다,
꿈을 가졌기에 목적을 이뤄낼 수 있습니다

| 서평 |

꿈, 기다림, 통찰의 시학

손희락 (시인 · 문학평론가)

1. 기교와 소통 사이에서

시는 삶과 연륜에서 나온다. '삶과 연륜' 에서 나온다는 말은 체험과 깨달음을 전제로 한다. 시인은 사물의 속성을 날카롭게 관조한 후, 의미를 부여하고 언어로 함축하여 진리적 목소리를 표출해야 한다. 메시지가 평범하거나 감동의 파장이 미미하여 정서적 교감이 단절된다면, 독자들의 기억 속에 각인될 수 없을 것이다.

평자의 책상 위에 수북하게 쌓인 시집들을 음미하다 보면, 시적 진실이 실종된 작품들을 만나게 된다. 난해한 이미지 안에서 언어의 목을 비틀거나, 말장난이 지나친 시들을 읽으면, 시가 '모독' 당하고 있다는 '아픔' 을 느낄 때가 있다.

독자들이 시집에서 확인하고 싶은 것은 진리가 내포된 이미지이지, 기술적으로 시를 쓰는 기교는 아닐 것이다. 속뜻을 숨기고 이미지를 낯설게 하는 것은, 현대시의 작법이긴 하나 해독이 불가능할 정도로 지나쳐서는 안 될 것이다. 해석 난해한 작품을 즐겨 쓰는 기교파 시인들일수록 자만이나 독선의 늪에 빠져 허우적거리고 있음을 발견할 수 있다.

앞뒤 문장을 연결해 봐도 이미지나 시어(詩語)가 조화되지 않는 시집을 덮으며 '짜증스럽다' 한탄하는 독자들의 목소리에 귀를 기울여야 한다. 시는 시인과 논자(論者)들만의 전유물일 수 없고, 독자가 소외된 창작 행위는 무의미하기 때문이다.

급변하는 디지털 시대, 사회적 현실에 적응하지 못하고 방황하다가, 연탄불 피워놓고 동반자살을 자행하고 있는 독자들을 배려해야 한다. 그들은 이 시대의 시인들을 향하여 진정한 영혼의 양식, '떡'을 달라고 허기진 눈빛으로 부르짖고 있기 때문이다.

박종민의 시는 '꿈과 기다림'을 모티프로 삼고 있다. 화려한 기교보다 시적 진실이나 소통을 중시한다. 소통을 중시하다 보니 표현 기법은 단조롭지만, 자아에 대한 탐구가 깊어 시적 상상력은 탁월하고 메시지의 울림은 진솔하다.

화자가 외치는 고뇌 속 깨달음의 목소리는 단 한 번뿐인 인생과 연계되면서, 상처 입은 독자들을 끌어안고 포용하는 휴머니즘적 시적 공간을 확보하고 있다.

2. 고뇌와 통찰

박종민 시인의 시세계는 자아 고뇌에서 출발한다. 나는 누구이며, 존재 목적은 무엇이며, 인생길의 진정한 성공이나 행복의 의미에 대하여 깨달음을 얻기 위해 몸부림친 흔적들이 뚜렷하다.

자아와 삶 사이, 자아와 타아(他我) 사이, 인연을 맺고 있는 대상 사이, 더 나아가서 신과 인간 사이, 종교적 의문에 대하여 깨달음을 얻고, 그 획득한 깨달음을 표출하는 방편으로 시 짓기를 하고 있다.

화자가 시 짓기에 몰입하고 있는 이유는 각 시대의 패러다임이나 의식의 변화와 무관하게, 인간들의 병든 정서를 치료하거나 정화시키는 힘을, 영혼의 표징물인 시가 갖고 있다고 인식하기 때문이다.

날 때부터
분명 그렇게 돼야만 되도록
짜여진 삶이
숙명이란다면
바람 부는 대로
그냥 살아가면 되는 건데

과연 숙명이란 걸
믿어야 하는 건지,
노력할 것 없고
땀 흘릴 필요도 없이
그대로 있으면 되는 건지
애초부터
필히 그리 가야만 하도록
정해진 삶이
숙명이란다면
세월 가는 대로
휩쓸려 가면 되는 건데
실로 숙명이란 걸
믿어야 하는 건지,
부지런할 것 없고
애써 일할 것 없이
있기만 하면 되는 건지

–「숙명」 전문

이 시는 연 구분 없이 전체 22행으로 짜여 있다. 연의 구분 없이 나열한 이유는 인생길을 걸으면서 의문에 사로잡혔던 고뇌를 토로한 진술(陳述)이기 때문이다.

만약 숙명이 존재한다면, 삶은 모순에서 출발한다. 아무리 발버둥치고 노력해도 짊어진 가난의 멍에 혹은 선천적 질병의 불행에서 벗어날 수 없다.

화자는 자신의 의지로 미래를 개척할 수 없는, 운명의 틀 안에 갇힌 처량한 존재가 과연 인간인가 하는 문제를 놓고 통찰하였지만, 마지막 행에서 결론 없는 여운으로 끝을 맺고 있다.

숙명에 대한 고뇌는 모든 인간의 '공통 관심사'일 것이다. 사람을 크게 두 종류로 구분하면, 숙명을 인정하고 스스로 무장해제를 당한 절망적 존재와, 숙명을 거부하여 대항하고 투쟁하는 삶을 사는 긍정적 눈빛으로 구분할 수 있을 것이다.

숙명을 받아들이느냐, 거부하느냐 하는 문제는 매우 중요하다. 인생에 대한 주관적 판단이나 진리적 가치관을 어떻게 수용하느냐에 따라서 삶이 극과 극으로 달라지기 때문이다.

박종민은 이 시에서 어떤 결론을 내리지 않고 있다. 고뇌가 깊었던 캐릭터가 포착되지만, 통찰에서 얻은 진리적 인식은 여백으로 숨겨둔다. 독자들 스스로 판단하도록 숙명이라는 '주제'만 나열해놓은 것이다.

하얗게 바닥난
개천에서
마음 모아 빌어본다

오려마,
오려무나!

호된 천둥 번개라도
좋다
다만
굵은
빗줄기 몰고 오렴

쩍 쩍 갈라진
논둑에서
애타도록 소원한다

–「농부의 기원(祈願)」 전문

이 시의 정황은 산천초목이 타들어가는 가뭄 속에서, 하늘 우러러 빌고 있는 심각한 상황이 포착되는 이미지이다. 시의 제목으로 파악하면 화자의 상황은 아니고, 목도한 사건을 표현한 것으로 보인다.

박종민은 섬세한 눈을 가진 시인이다. 지나치기 쉬운 일상의 한 순간을 포착하여 다중의 의미를 부여한다.

이 시의 특징은 단순하게 하늘을 바라보며 빌고 있는 애타는 농심만을 표출한 것은 아니다. 드러내지 않고 숨겨놓은 의도가 감지된다. 소극적으로 하늘이 비를 주기만 애타게 기다리지 말고, 차라리 관정(管井)을 파서 지하 수맥에서 물을 끌어올리는 적극적이고 도전적인 자세를 취하기를 원하는 심정으로 이 행사에 참석하여 지켜보고 있는 것이다.

시에서 드러난 이미지보다 감추어놓은 시인의 주관적 정서를 전송받을 수 있다면, 상황은 더욱 생생해지고 감동의 효과는 배가 될 것이다.

시인은 숙명에 순응하는 의식을 갖고 있지 않다. 오히려 상황 개선을 위해 적극적으로 거부하고 몸부림치며 운명을 스스로 개척하는 인생길을 걸어왔다.

표면에 드러난 진술보다 내포된 의미를 추적할 때, 시인이 침묵하고 있는 목소리를 잡음 없이 제대로 들을 수 있을 것이다.

3. 꿈에 대한 소신과 인식의 중요성

꿈을 가진 자만이
이룰 수 있다
꿈을 꾸는 자만이
취할 수 있다
꿈이 없는 자는
미래가 없다
꿈을 잊은 자는
비전이 없다
꿈이 곧 현실이다
꿈 없이 미래 없다

꿈을 가진 자만이
키울 수 있다
꿈을 이룰 자만이
꿈꿀 수 있다
꿈을 버린 자는
꿈을 지운 자는
장래가 없다
꿈이 곧 행복이다
꿈 없이 내일 없다

－「꿈 1」 전문

이 시에서 우리는 꿈을 꾸며, 꿈을 심으며 인생을 살아온 시인과 조우(遭遇)하게 된다.

전체 2연 19행으로 구성된 시에서 '꿈' 이라는 단어는 총 13회 언급되었다. 단어를 중복 사용하여 발생하는 행간의 충돌보다는 꿈의 중요성을 조명하는 데 집중하고 있다.

앞서 언급했지만 시인은 '숙명' 을 강하게 부정한다. 동시에 불행한 삶은 운명적인 것이 아니라 얼마든지 변화시키고 조종할 수 있다는 인식과 직관을 가졌다. 꿈을 꾸고, 그 꿈을 자기 안에 심으면서 자아 정체성의 혼란에서는 일찌감치 탈피한다. "꿈이 곧 현실"이고 "꿈 없이 미래 없다"는 철학적 소신은 존재의 무기력과 숙명의 올가미에서 벗어나 유토피아를 지향한다. 화자에게 꿈은 인생길을 기쁨으로 걷는 원천이 되었고, 미래의 하늘을 훨훨 나는 성공의 두 날개가 되었다.

종종 들려오는 현대인들의 집단 자살 사건은 '숙명' 을 수용하여, 두터운 장벽을 뛰어넘을 수 없다는 허무와 절망이 그 원인이다. 유서를 쓰고 연탄불을 피우기 전에 이런 시 한 편을 음미할 수 있었더라면, 삶과 죽음에 대한 인식을 바꿀 수 있지 않았을까 하는 아쉬움이 남는다.

시인의 시는 숙명의 그물에 갇혀 처절한 몸부림을 포기하는 이들에게 힘을 북돋우는 용기와 소망적인 언어로 채색되어 있다. 꿈을 잃고, 꿈을 파종하지 않는 현대인들에게 깊은 여운과 감동을 안겨주면서 시적 가치와 효용성을 획득한다.

꿈이란
욕구 실현 위한
자신만의 이상(理想)
창공을 떠도는 뭉게구름도
잡을 듯 잡을 듯
빠져들게 하는 환상
그걸 잡으려다
더러는 좌절하고
더러는 헛물켜며 허탈해한다

꿈이란

상상 속에 갇힌
자기만의 감성(感性)
영봉에 어리는 오색 무지개도
만질 듯 만질 듯
허우적거리게 하는 몽환
그걸 좇으려다
누구는 포기하며
누구는 잡았다고 행복해한다

– 「꿈 4」 전문

이 시에서 시인은 꿈과 이상(理想), 꿈과 행복을 연결시킨다. 결론부터 말하면 '숙명'은 존재하지 않는 것으로 인식한다. 설령 보이지 않는 힘의 실체를 수용한다고 해도, 자아 성찰의 고뇌로 극복하거나 탈피할 수 있다는, 절망에서 희망의 영역으로 이동시키는 담백한 진술을 하고 있다.

「꿈 1」에서는 꿈과 삶의 관계에 대하여 강조했지만, 이 시에서는 누구나 꿈을 꾸고, 꿈을 심고 있다는 보편적 메시지로 유도한다.

이 시도 구체적인 결론은 생략되어 있다. 박종민이 즐겨 쓰는 시법이고, 기교이다.

이 시의 핵심은 꿈을 꾸는 행위 자체에 대한 행복이다. 1연에서는 '헛물을 켜고 허탈할 수도 있다', 2연에서는 '꿈을 이루어 손안에 쥐고 행복할 수 있다'고 허탈과 성취를

대조시킨다. 꿈이란 이루어질 수도 있고 허무로 종결될 수도 있지만, 그 결과에 상관없이 꿈을 꾸는 삶, 그 자체가 행복이라는 점을 인식시키고 싶은 것이다.

시인은 꿈을 꾸는 삶, 자기 안에 꿈을 파종하는 삶, 그 안에서 유유자적 행복에 젖을 수 있었다는 체험을 눈물과 탄식에 빠져버린 현대인들을 향하여 교훈적 메시지로 던져준다. 시의 힘으로 절망에서 구출해주고 싶은 욕망과 소명의식을 느끼면서 행복에 젖어 있다.

박종민 시의 전략적 특징은 운명을 거부한 '존재의 확인'과 '존재의 실현'이다. 꿈꾸는 자와 꿈을 상실한 자의 상생과 공존을 모색하면서, 교훈적 언어로 형상화된 시적 공간에서 삶의 방향과 비전을 제시하며 급변하는 세상을 응시하고 있다.

4. 기다림의 미학

시인의 삶은 '숙명을 거부한 꿈'으로 표출된다. 문단에 데뷔한 이후 삶에서 얻는 체험과 고뇌를 수반한 종교적 깨달음을 시적 발상이나 에너지로 사용하고 있다.

운명을 거부하고 꿈을 꾸는 행위와, 그 꿈을 심어놓고 꽃 피기를 기다리는 행위는, 인생을 통찰한 적극적인 자세인 까닭에 동전의 양면 같은 성격으로 이해된다. 황무지와 같은 인생의 밭을 개간해놓고도, 꿈을 심지 않고 기다리는 것은 어리석기 때문이다.

화자의 꿈은 '기다림' 으로 전이되거나 변환되어 미래 지향적으로 나타난다.

만삭의 불편을 딛고
비몽사몽간의 산통
꾹꾹 참아 견디며
새 생명 탄생을 기다림은
아름다운 모성의 순수였습니다
불안한 마음을 꺾고
산실의 초조와 공포
가라앉히며
새 생명의 출산을 기다림은
보배로운 모정의 서정이었습니다

-「기다림 2」 전문

화자는 이 시에서 '기다림' 에 대하여 설명하고 있다.

어느 누구의 출산 과정인지는 함축되어 있으나 새 생명의 탄생은 기다림의 결과이고, 기다림이란 형식을 통해서 완성된다는 것을 증명하고 있는 익숙한 이미지이다.

모든 인간은 임신의 고통을 견디고 만삭의 과정을 통과한 기다림을 통해서 이 세상에 온다. 어미의 모태에서 숨쉬고 있는 생명은 바로 아비와 어미의 '꿈' , 그 결정체이다.

시인은 이 작품에서 다양한 메시지를 독자들에게 전송한다. 새 생명을 임신하듯 꿈의 잉태가 중요하다는 목소리, 그리고 꿈을 잉태하였으면 중도에 유산시키지 않고 견디는 인내가 중요하다는 메시지, 마지막으로 오랜 기다림이 없는 행복은 존재하지 않는다는 메시지가 서로 얽혀 있다.

인생길 걸어가면서 꿈을 꾸고, 꿈을 심어야 하고, 그 꿈은 기다림으로 충족된다는 미학은, 고달픈 현실에 절망하는 눈빛들에게 역동적 희망을 불어넣어 줄 것 같다.

사흘 전
군 입대한 아들
체취 배인
옷 보따리 소포

낼모레
만기 제대 자식
환한 미소
귀가하는 모습

–「기다림 3」 전문

이 시는 최소한의 언어로 의미를 극대화시킨 간결한 이미지이다. 「기다림 2」에서 소개된 모태의 생명이 장성한 모습인지는 알 수 없다. 단지 연작시로 묶어졌기 때문에 그

가능성을 유추할 수 있을 뿐이다.

아들의 입대와 제대 사이엔 꽃 피고 지고 낙엽으로 뒹구는 시간적 공간이 존재하지만, 그리움이나 근심 걱정의 사유들은 일절 생략되었다. 오직 '기다림' 만이 부각되고 있다.

무사히 제대하기를 바라는 꿈을 꾸면서 기다렸더니, 국방의 의무를 마치고 아비의 품으로 웃으며 돌아오더라는 불확실성에 대한 대처법, 기다림의 미학을 시적 기교로 표현하였다는 점에서 주목할 만한 작품이다.

> 기다림은 초조 불안이다 기다림은 불면의 밤이다 기다림은 때론 공포다 삼대독자 아들 결혼 후 5년차 되도록 임신 소식 감감 학수고대하는 부모 마음, 장거리 화물차 운전사 남편 귀가 시간에 매몰된 마음 약한 아낙의 심정, 좁디좁은 비행기 내 15시간 여 갇힌 샐러리맨, 장마철 낙뢰로 전기 끊긴 시골 외딴집의 스산함, 고단한 삶 이런저런 생각 근심 걱정에 잠 못 이루는 밤, 밝아오는 여명을 기다림은 애처롭다 기다림은 가련하다 기다림은 처량하다
>
> –「기다림 4」 전문

이 시에서 확인하듯 이번 시집에는 상당한 양의 산문시가 수록되어 있다.

화자가 산문시에 관심을 갖고 있다는 것은, 시의 형태에

대한 변화를 시도하고 있다는 것을 의미한다. 독자들에게 하고 싶은 이야기를 더 많이 진솔하게 담아낼 수 있다는 장점을 인식한 것 같다.

내용 전개상, 등장하는 소재와 비유가 다양하다. 삼대독자 아들의 임신 소식을 기다리는 부모의 심정부터, 전깃불을 기다리는 시골집의 안타까운 정황까지 진술되어 있다. 비록 묘사된 시적 정황은 다르지만 기다림은 동일하다. 산문시에서 관념이 내포된 표현 기법을 구사한 것은, 인간은 기다림에서 벗어날 수 없으며 반복되는 기다림은 삶을 지탱해주는 정신적 버팀목이라는 것을 깨우치기 위해서이다.

하나의 기다림, 하나의 문제가 해결되면 또 다른 문제와 또 다른 기다림이 대기하고 있어, 인간은 늘 근심 걱정 없는 내세를 지향하며 살아간다. 삶을 살아가는 동안, 생명이 유지되는 동안 꿈을 꾸는 것과 기다림은 중단되지 않는다. 끝없이 회전하거나 반복된다.

화자는 이런 진리를 체득하여 인생길을 피곤치 않게 걸어온 것 같다. 동일한 길을 걸어도, 길을 알고 걷는 사람과 모르고 걷는 사람은 즐거움과 행복을 느끼는 데 있어서 편차가 크다.

이 시에서는 기다림에 대한 고통이나 아픔이 진술되었지만, 기다림에 대한 즐거움과 행복을 함축한 역설의 문장으로 이해된다. 시인의 진술을 거꾸로 읽어낼 수 있는 독자들은 장사꾼이 대목장을 만난 듯한 큰 수확을 얻을 것 같다.

5. 결론

박종민의 시는 소외되고 고통 받는 인간을 포용하는 사랑으로 충만하다.

자아 체험이나 철학을 중심으로 단 한 번뿐인 인생길에서 실패자가 되지 않도록, 현실의 매몰에서 탈출하여 성공으로 가는 길의 이정표를 일부분 제시해주고 있다. 이 길은 자신이 먼저 걸으면서 꿈을 잉태한 길이며, 기다림으로 축복을 체험한 총체적 노정(路程)이다.

시집에 수록된 대다수의 시편들이 인생, 고뇌, 꿈, 기다림, 행복, 성공이라는 담론의 범주 안에서 크게 벗어나지 않았음을 확인할 수 있다. 그렇다면 이 시집은 시의 형식을 빌린, 행복론 혹은 인생론을 깊이 있게 다루고 있는 한 권의 철학서라고도 말할 수 있을 것 같다.

시적 운율은 매끄럽지 않지만 시적 효용성이 돋보이는 것은, 행복으로 가는 길을 찾아서 헤매고 있는 현대인들에게 절망을 극복하고, 삶의 질을 높일 수 있는 메시지를 던져주고 있기 때문이다.

창세기
아담과 이브가
참고 견디며
기다릴 줄 알았다면
현세의 고난

현재의 소란
현존한 인간 삶의 고통
난맥상(亂脈相)은 없었을 것 아니겠나
인생에
달콤새콤한
유혹의 말을
뿌리칠 줄 알았다면
고난의 삶도
고단한 생도
고달픈 인간 삶에 미련
후회는 하지 않을 것 아니겠나

–「기다릴 줄 알았다면」 전문

이 시는 시집 해설의 마무리 또는 성공적인 삶의 비결, 그 결론으로 인용해도 무난할 것 같다.

화자는 에덴동산에서 있었던 비극적 사건을 시의 소재로 삼고 있다. 하나님의 말씀을 불순종하여 선악과를 취함으로 인류의 원죄가 시작된 비극의 시발점으로 돌아간다. 불행의 원인은 좀 더 참고, 좀 더 기다리지 못했다는 인식이다.

인류 창조에서부터 21세기까지 유구한 세월이 흘렀지만, 불행의 원인은 그때나 지금이나 동일하다는 의식이 행간에 투영되어 있다.

모든 실패의 원인을 분석하면 에덴의 탐욕이 돌출된다. 조금만 더 기다리면 행복이 찾아올 텐데, 조급한 인간들은 선악과의 달콤한 유혹에 흔들린다. 남의 것을 훔치고, 강제로 빼앗고, 죄를 은폐하기 위해 사람을 죽이고, 일평생 구치소에 갇혀 죄의 대가를 치르며 후회의 눈물을 흘린다.

누구든지 꿈을 꾸었거들랑 끝까지 때를 기다려야 한다는 시인의 메시지는, 인생 성공 길로 가는 불변의 진리임을 암시한다.

시인은 평생 몸담았던 직장에서 정년퇴직을 하였지만 아직 꿈을 꾸고 있고, 기다림이라는 유토피아적 비전은 불변할 것이다. 이 땅에 살아 숨 쉬는 동안 인간들의 결핍된 욕구를 채워줄 본질적인 것을 찾아서 고뇌하는, 소명의식에 불타는 몸짓은 더욱 처절해질 것 같은 예감이 든다.

감각적 언어의 가공이나 운율의 미학적 측면보다는, 체험적 진술과 메시지의 의미에 중심을 둔 창작 기법 또한 변함이 없을 것 같다. 인연 닿는 독자들의 일독을 권한다.